ピンとくる仕事や先輩を見つけたら、巻末のワークシートを記入用に両枚コピーして、
手もとに置きながら読み進めてみましょう。

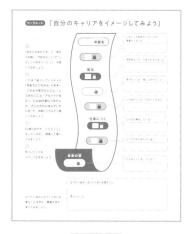

ワークシート
「自分のキャリアをイメージしてみよう」　「自分にとって大切なことを考えてみよう」

このワークシートは、自分の未来を想像しながら、
自分が今いる場所を確認するための、強力なツールです。

STEP1から順にこのワークに取り組むと、
「自分の得意なこと」や「大切にしていること」が明確になり、
思わぬ気づきがあるでしょう。

そして、気づいたことや思いついたことは、
何でもメモする習慣をつけるようにしてみてください。

迷ったとき、くじけそうなとき、記入したワークシートやメモをふりかえれば、
きっと、本来の自分を取り戻し、新たな気持ちで前へと進んでいけるでしょう。

さあ、わくわくしながら、自分の未来を想像する旅に出かけましょう。

ボンボヤージュ、よい旅を！

ジブン未来図鑑編集部

職場体験完全ガイド＋

ジブン未来図鑑

キャラクター紹介

「食べるのが好き！」
メインキャラクター
ケンタ
KENTA

参謀タイプ。世話好き。
怒るとこわい。食べるのが好き。

「おしゃれが好き！」
メインキャラクター
ユウ
YŪ

「動物が好き！」
メインキャラクター
アンナ
ANNA

ムードメーカー。友だちが多い。
楽観的だけど心配性。

「演じるのが好き！」
メインキャラクター
カレン
KAREN

リーダー気質。競争心が強い。
黙っているとかわいい。

人見知り。ミステリアス。
独特のセンスを持っている。

「デジタルが好き！」
メインキャラクター
ダイキ
DAIKI

ゲームが得意。アイドルが好き。
集中力がある。

職場体験完全ガイド＋

ジブン未来図鑑

JIBUN MIRAI ZUKAN

③

おしゃれが好き!

ファッション
デザイナー

ヘアメイクアップ
アーティスト

スタイリスト

ジュエリー
デザイナー

FASHION DESIGNER

ファッション デザイナー

衣服の
デザインって
何をするの？

つくった服は
どんなお店で
売っているの？

1着ずつ
手づくりして
いるの？

自分でつくった
服を着るの？

ファッションデザイナーって どんなお仕事？

衣服をデザインする人のことを、ファッションデザイナーといいます。おもに、服飾メーカーなどにつとめるデザイナーと、自分のブランドをもって独自に衣服のデザインを行うデザイナーに分けられます。企業やブランドのイメージ、コンセプトをふまえ、どんな人がどんなときに着るのかを考え、色や形、使う生地などを決めています。ファッションセンスや独創性、服をつくるための技術はもちろん、時代の流行や変化をとらえ、デザインに反映させていくこともももとめられます。制作の過程で多くのスタッフと共同で作業を行うこともあり、その場合、デザイナーはディレクターの役割も果たすため、コミュニケーション能力も欠かせません。

給与
（※目安）

18万円
くらい〜

つとめる企業や人気・知名度などによって差があります。企業で責任のある立場になったり、自分のブランドの人気が高まったりすれば、収入も上がります。

※既刊シリーズの取材・調査に基づく

ファッションデザイナーに なるために

ステップ 1 専門学校や大学で 被服の勉強をする

被服に関する専門学校や大学で、衣服やデザインについて学ぶ。

ステップ 2 ファッション業界で 経験を積む

企業に就職したり、ファッションデザイナーのアシスタントになるなど、経験を積む。

ステップ 3 デザインした服を 発表する

企業内デザイナーとして活躍したり、独立して自分のブランドを立ち上げたりする。

こんな人が向いている！

ものをつくることが好き。

コミュニケーションを とるのが得意。

服を見るのが好き。

アートや音楽に興味がある。

もっと知りたい

必要な資格はありませんが、服をつくるための「洋裁技術認定試験」や、服の型紙（パターン）をつくるための「パターンメーキング技術検定」、色に関する「ファッション色彩能力検定」などの資格をとっておくと、就職のときに有利です。

ファッションデザイナー
小林裕翔さんの仕事

小林さんのデザインには、かぎ針を使った手編みの装飾が、数多くあしらわれています。

春夏と秋冬のシーズンに合わせて
ブランドの世界観をつくりあげる

　小林裕翔さんは、「ユウショウコバヤシ（Yusho Kobayashi）」という独自のブランドを展開している、ファッションデザイナーです。小林さんのブランドの服はすべて手づくりで、一着一着が一点物という特徴があります。

　服をつくる上での目標の一つが、半年に1回行われるコレクションです。コレクションでは、春夏と秋冬のシーズンに合わせて新作を発表します。ブランドの

コンセプトやイメージを発信する重要な場です。コレクションごとにテーマを決め、半年をかけて30〜60着ほどの新しい服をつくって発表します。コレクションには、ファッション関係者やショップのバイヤー（服を買いつける人）が集まるので、魅力を伝えることでたくさんの注文を受けることができます。

　テーマを決めるときには、アートや音楽、そのときの流行などにふれて、インスピレーションを高めます。そして、ノートに気になったことばやイラストをかいたり、布のサンプルをはったりして、デザインの方向性を決めていくのです。アイデアをつづったノートは、

コレクションごとに1冊にまとめています。

　テーマが決まると、いよいよ服の制作がはじまります。小林さんの事務所では、6名のスタッフがはたらいています。制作にあたって、それぞれのスタッフにテーマを伝え、どんな作業をしてほしいか指示を出します。スタッフ全員と協力しながら、コレクションの服を完成させていきます。服の制作と同時に、コレクションでどんな演出をするのか決めるのもデザイナーの大事な仕事です。照明や舞台上の装飾、どんな人にモデルをお願いするかなど、コンセプトに合わせた演出を会場のスタッフと相談し、見る人にブランドの世界観を伝えられるように工夫します。

　コレクションでの発表が終わると、さまざまなお店から注文が入ります。小林さんのブランドはすべて手づくりで、本当にほしい人にほしい服をとどけることを大事にしているため、商品を大量につくることはできません。そのため、制作時間や利益のバランスをとって注文を受け、納得のいくものをつくりあげて、注文のあったお店に納品していきます。

お店やお客さまに
もとめられるデザインをさぐる

　納品先のお店で商品が少なくなっている場合など、

ことばやイメージなど、アイデアがひらめくと、それをノートにかきだしていきます。

ポップアップショップでは、店頭に立って服のレイアウトをしたり、接客をしたりして、お客さまと交流をしています。

新しい服をつくって納めることもあります。コレクションの服はテーマに合わせてつくりますが、それ以外はテーマにこだわらず、より自由なデザインに挑戦しています。お店側からどの層向けか指定されることもあり、その場合は要望に合わせた服づくりをします。小林さんは、コレクションの衣装制作であまった布や毛糸などの素材も、積極的に使うようにしています。たとえば、コレクションのときにジャケットで使った布を、今度はワンピースにしてみるなど、資源をできるだけ大切にしているのです。

　小林さんは、自分でブランドの宣伝も行っています。インスタグラムにつくった服の画像をアップしたり、イベントやポップアップショップ（期間限定で開かれるショップ）の告知をしたりすることで、より多くの人に自分のブランドを知ってもらうのです。ときには、自分で店頭に立って販売も行い、お客さまと会話をすることもあります。ファンとの交流を深めることで、どんな人が自分の服を買ってくれているのか、どんなデザインをもとめているのかを知ることができ、それを次の制作にいかしていきます。

小林裕翔
こ ばやしゆうしょう

さんの

1日

お店でイベントが開催される日の
かいさい
1日の流れです。1日中、アトリ
エで制作を行うこともあります。
せいさく

長時間いすにすわってい
ることが多いので、健康
を維持するために運動を
い じ
心がけています。

8:00	9:00
起床	ランニング・出勤
き しょう	しゅっきん

24:00	22:00	20:00
就寝	ニットづくり・読書	帰宅・夕食
しゅうしん		き たく

夕食後、かぎ針を使いニットをつくりま
ばり
す。制作の参考にしたり、商品としてな
せいさく
らぶこともあります。その後、就寝まで
しゅうしん
にさまざまなメディアにふれることで、
インスピレーションを高めていきます。

10:15　11:00

スタッフと、その日の作業について打ち合わせを行い、指示を出します。

生地の見本帳を見て、イメージに合う生地を選びます。見本帳は、生地をとりあつかっているお店に相談してつくってもらいます。

10:00
仕事開始

10:15
打ち合わせ

11:00
生地選び

17:00
イベントに参加

16:00
ショップへ出発

14:00
デザイン作業

13:00
昼食

12:00
服づくり

ショップでのイベントはファンと交流する貴重な機会です。お店の担当者と相談して、どんな内容にするか決めています。

ノートに洋服のデザインをまとめ、イメージをふくらませます。

小林さんがごはんをつくり、スタッフと一緒に昼食をとるようにしています。

ミシンを使って布をぬい合わせたり、編み機を使って素材をつくったりしながら、服を仕上げていきます。

12:00

小林裕翔 さん をもっと

どうしてこの仕事を
選んだのですか？

　もともとファッションには興味があり、日本で大学に通っていたときからオリジナルのTシャツをつくっていました。ぼくがつくったものを友だちが買ってくれて、少しずつ周りの人に評判が広がり、購入してくれる人がふえたことがありました。

　もう一つのきっかけはアートです。ぼくはファッションだけでなくアートも好きなので、大学時代にはさまざまな国の美術館をめぐっていました。なかでもイギリスでは現代アートがたくさんの人に受け入れられていて、作家の活動も盛んでした。自分もここで勉強したいなと思い、ファッションで有名な学校への留学を決めました。イギリスの学校でも、在学中から服をつくって、周りの人に着てもらうのが好きでした。

　留学先の学校を卒業するタイミングで、日本のお店から声をかけてもらい、はじめて期間限定のショップを開きました。自分が思っていた以上にお店が盛況だったので、ファッションデザイナーとして活動して行こうと思いました。

デザインをするうえで
気をつけていることは何ですか？

　ぼくは、お客さまに自分の服を着て喜んでもらいたいと思って服のデザインをしています。そのため、デザインの方向性が自分主体にならないように気をつけています。つねに、どんなものをつくったらお客さまが喜んでくれるのか、どんなものをもとめられているのかを考えています。とはいえ、ブランドのオリジナリティを失ってはいけないので、そのバランスをとることが重要です。

　そのために、お客さまやお店とのコミュニケーションを大切にしています。お店には、どんなデザインのどんな価格帯のものが売れているかといったことを教えてもらいます。ファンの方と一緒に服をつくるイベントを開催したこともあり、より具体的にお客さまの望んでいるものを感じることができました。

　最近はネットを通じて、ブランド（デザイナー）が直接お客さまに商品を販売する例もあるのですが、ぼくはできるだけショップとも協力したいと思っています。ショップとお客さまとブランドの三角形のなかで、もっといいものがつくっていけたらいいですね。

1日に何着くらい服を
つくるのですか？

　靴下などの小物も合わせて、1年で平均1000点ほどのアイテムをつくっています。1日でつくり終えられないものもありますが、単純に計算すると1日約3アイテムほどですね。ただ、制作のすべてを1人で行っているわけではなく、スタッフと作業を分担しているので、チームで3つくらいということです。

知りたい

> どんなときにやりがいを
> 感じますか？

　ふとしたときに、インスタグラムや街中で、自分の
つくった服を見かけたときです。もちろん、有名な方
が自分の服を着てくださることもうれしいのですが、
いろいろな人の生活に、自分の服が少しずつとどいて
いるんだなと思うとやりがいにつながります。

　また、自分が店にいるときに、お客さまが購入した
ぼくの服を着て遊びに来てくれることがあるんです。
そういうときはとてもうれしいですね。

ユウからの質問

> ふだん自分でつくった服を
> 着ているの？

　ぼくの場合は、自分の服を自分で着る機会はあまり
ありません。自分が着たいものではなく、お客さまが
喜んでくれるものをつくりたいからです。それに、世
の中にはたくさんの服があるし、好きなブランドや作
家の服を着ることで、その人たちにお金を支払い、活
動につなげてもらうことも大事だと思っています。ぼ
くも自分の服を買ってもらえたらうれしいので、自分
のいいと思ったものを購入して、身につけるようにし
ています。

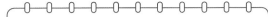

わたしの仕事道具

かぎ針

　かぎ針は編みものをするための道具です。毛
糸の太さによって針を使い分けます。手を動
かしていることが好きだという小林さんは、
いつもかぎ針と毛糸玉をバッグに入れていて、
移動中や出かけた先で、かぎ針をとりだし、
ニットや小物を編んでいます。

みなさんへの
メッセージ

　服をつくるためには、まず相手のことを知
ることが大切です。まずは自分の周りにい
る大切な人に興味をもって、服ではなくて
もいいので、その人を喜ばせられるものを
つくってみるといいですよ。

小林裕翔さんの今までとこれから

プロフィール

京都府生まれ。立命館大学文学部を卒業したあと、イギリスのロンドン芸術大学セントラルセントマーチンズに留学。2019年に、同校のファッションデザイン学科ウィメンズウェアを卒業し、オリジナルブランド「ユウショウコバヤシ（Yusho Kobayashi）」を立ち上げる。

誕生

7歳

祖母や母と一緒に、ぬいぐるみや、ぬいぐるみに着せる服をつくるなど、ものづくりに興味があった。

16歳

歴史の授業で美術の歴史にふれる。なかでも現代アートに興味を引かれるようになる。

20歳

大学に入学してアートを学ぶようになる。はじめておとずれたロンドンで美術館をめぐってアートやファッションへの興味を深める。

今につながる転機

大学を卒業後、ファッションデザインの勉強をするためにイギリスのセントラルセントマーチンズに留学。

22歳

休学して、ドイツ・ベルリンのファッションブランドでインターンとしてはたらきはじめる。

24歳

26歳

卒業とともに、日本のセレクトショップでポップアップショップを開く。同じ年に東京でコレクションを開催し、制作を手伝ってくれるチームができあがる。

現在

××歳

海外にも取り扱い店舗がふえ、ブランドのファンもふえている。

未来

40歳

世界中の国で自分のブランドの洋服を売り、多くの人と出会う。

小林裕翔さんがくらしのなかで大切に思うこと

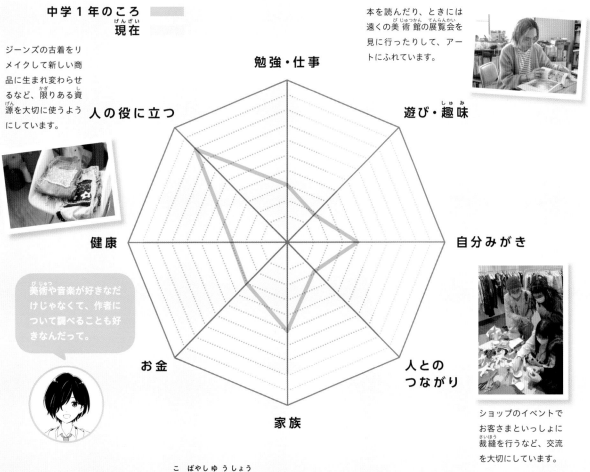

ジーンズの古着をリメイクして新しい商品に生まれ変わらせるなど、限りある資源を大切に使うようにしています。

本を読んだり、ときには遠くの美術館の展覧会を見に行ったりして、アートにふれています。

中学1年のころ

現在

勉強・仕事

遊び・趣味

人の役に立つ

自分みがき

健康

美術や音楽が好きなだけじゃなくて、作者について調べることも好きなんだって。

お金

家族

人とのつながり

ショップのイベントでお客さまといっしょに裁縫を行うなど、交流を大切にしています。

小林裕翔さんが考えていること

食事をきちんととるために
スタッフ全員の食事を用意

　新しい服をつくり続けていくためには、まず健康が大切だと思っています。そのため、この1年くらいは朝のランニングが日課になっています。服の制作は室内で長時間行うので、ずっとすわっていると体もかたまって筋肉痛になることもあります。体をほぐしてもらうため整体にも通っているんですよ。

　あとは、できるだけ自分でごはんをつくるようにしています。栄養面まで気づかえるほどではないですが、お昼ごはんは絶対にスタッフみんなで食べると決めています。タイ料理や台湾料理といったアジア料理が好きで、ぼくがつくってみんなにふるまいます。来ているスタッフの人数が多いときは、カレーをつくることも多いですね。
ちゃんと休憩して、ちゃんと食べて、ちゃんとはたらくということを大切にしていきたいです。

HAIR & MAKEUP ARTIST

ヘアメイクアップ アーティスト

ヘアメイクって
何をするの？

どんな技術が
必要なの？

好きな芸能人の
メイクも
できるの？

自分の外見にも
気をつかうの？

ヘアメイクアップアーティストって どんなお仕事？

　一人ひとり異なる顔まわりの特徴に合わせて、髪の毛を整える（ヘアスタイリング）作業と、化粧をする（メイクアップ）作業の両方を行い、見た目を美しく整える仕事です。ヘアメイクの技術のほか、時代に合ったセンスや芸術性も必要です。

　芸能人やモデル、タレントへのヘアメイクでは、テレビや雑誌、映画や舞台など、メディアによって、それぞれ専門のヘアメイクアップアーティストがいます。こうしたメディアではたらく場合は、ヘアメイクの事務所に所属する人が多いですが、化粧品メーカーにつとめたり、会社に所属せずにフリーランスとして活躍する人もいます。また、美容院やブライダルサロンなどで一般の人にヘアメイクする仕事もあります。

給与
（※目安）

20 万円
くらい〜

　有名な俳優やモデルなどから継続して指名が入る場合などは給与も高くなります。経験が浅いアシスタントの場合は20万円を下回ることもあります。

※既刊シリーズの取材・調査に基づく

ヘアメイクアップ アーティストに なるために

ステップ① 美容専門学校などで 基礎知識を学ぶ

専門学校で2〜3年間学ぶ。国家資格である美容師免許を取得しておくと役立つ。

ステップ② 現場で経験を積む

雑誌やテレビ、一般向けなど分野を決め、その分野で活躍する人のアシスタントや、ヘアメイク事務所で経験を積む。

ステップ③ ヘアメイクアップ アーティストに

自分の強みを生かして経験を重ね、技術をみがく。

こんな人が向いている！

人と話すのが好き。

一つのことをきわめたい。

絵をかくのが好き。

外見にこだわりがある。

新しいことに興味がある。

もっと知りたい

　ヘアメイクアップアーティストに学歴や資格は必要ありませんが、美容師免許は取得しておいたほうが役立ちます。ヘアスタイリングだけでなくメイクやネイルなど、美容に関する知識が身につき、自分が得意な分野を見つけることもできます。

ヘアメイク中はリラックスしてすごしてもらえるよう、自分自身も気持ちに余裕をもってのぞみます。

「おもてなし」を心がけながら
俳優やモデルにヘアメイクをする

　石川ユウキさんはヘアメイクアップアーティストとして、主に雑誌に登場するモデルや、テレビ番組に出演する俳優などのヘアメイクを担当しています。

　雑誌やテレビの仕事は、まず企画の担当者から石川さんの所属会社にオファーがくるところからはじまります。石川さんが撮影の日程や企画の内容、金額などを確認し、条件が合えば仕事が成立します。テレビのコマーシャルや手のこんだメイクをするときなど、事前に話し合う必要がある場合は、雑誌やテレビの担当者、広告会社の人などと打ち合わせをして、石川さんのイメージを伝えて共有してもらいます。

　当日は時間に余裕をもって現場に入り、軽くそうじをして環境を整え、道具などをきれいにならべます。ヘアメイクにかかる時間はだいたい1時間です。先にメイクをすませてから、ヘアスタイリングをします。メイクをどのような方法でするかは、その人の肌質やコンディションなどによって毎回変わります。顔まわりをマッサージして血行をよくすることで、メイクをより美しく仕上げることもあります。次に、全体のバ

ランスを見ながらヘアスタイルを整えます。リクエストがあれば、ネイルをすることもあります。

　ヘアメイクが終わったあとは、撮影や収録の場に待機して、自分のイメージした通りになっているか、写真や映像を見て確認します。髪やメイクがみだれたらその場でなおし、クライアントの要望があれば、別のヘアメイクに変更することもあります。

　撮影や収録が終わったら、メイクを落としたり、髪を整えたりして終了です。仕事の内容や時間は日によって異なりますが、1日にだいたい1～2か所の現場を回ってヘアメイクをしています。

　石川さんがヘアメイクをするうえで特に心がけているのは、「高級ホテルのようなおもてなし」です。直接肌にふれるブラシやチップ、髪の毛を巻くコテなどを清潔に保つのはもちろん、俳優やモデルが到着する30～40分前には到着し、ヘアメイクする場所を念入りに準備します。たとえば、ヘアメイクの道具が美しく見えるようにならべたり、生活感が出るティッシュボックスは革のケースをかぶせてかくしたりします。すわる場所の光の加減や香りにも気を配るなど、できるだけ心地よくすごせるように配慮しています。

　ヘアメイクをしている間は、その人のタイプやその日の気分などをうかがいながら、ほどよい距離感を保って会話をするようにしています。

ヘアメイクをする人や企画に合わせて、メイク道具をならべ、鏡に顔がどのように映るかもチェックします。

仕上げたヘアメイクがどう写真に写るかを確認しながら、アイシャドウの色を足すなどその場でなおしていきます。

世のなかのトレンドを分析し新しいヘアメイクを考案する

　石川さんは依頼を受けてヘアメイクをするだけでなく、時代を先読みし、アーティストとして新たなメイクを生み出すことにも力を入れています。今はやっているメイクを分析したり、これからどのような流行が来るかなどを予想したりして、自分のSNSや美容雑誌などで情報を発信することも大事な仕事です。

　なかでも、石川さんが考案した「ハニルメイク」は話題になり、本も出版されました。ハニルとは韓国語で「日韓」という意味で、韓国ではやっているメイクを、日本人向けに取り入れたものです。

　たとえば、韓国で人気の「陶器肌」に仕上げながら、日本ではやっている「すっぴん風メイク」を重ねるなど、その組み合わせはいくつもあり、方法も日々進化しています。

　今は、女性だけではなく、男性が当然のようにメイクをするなど、多様性に満ちあふれた時代です。石川さんはヘアメイクの分野で、今までの常識にとらわれず、広い視野をもって新しい挑戦をしていきたいと考えています。

YŪKI'S 1DAY

石川ユウキ
さんの
1日

午前中から午後にかけて雑誌の撮影、夕方からテレビの収録がある1日を見てみましょう。

移動はタクシーが中心ですが、時間や体力に余裕があるときには、電車に乗ることもあります。

8:00	8:30
起床・朝食	出発

24:00	22:00	21:00
就寝	準備・入浴	収録終了・帰宅

翌日のメイク道具の準備が終わったら、SNSをチェックしたり、趣味の漫画をかいたりしてゆっくりすごします。

俳優の髪を整え、メイクを落としたら仕事は終了です。

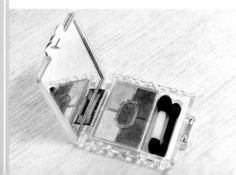

9:10 11:00

ヘアメイク道具一式が入った約30キログラムのスーツケースを持って仕事現場に入ります。

準備はなるべく念入りに。テーブルの上も美しく整えます。

モデルが到着したら、約1時間かけてヘアメイクをします。

雑誌の撮影中は近くに待機し、気になるところがあったらすぐに、髪やメイクのなおしをします。

9:10 撮影現場に到着

9:20 ヘアメイクの準備

10:00 ヘアメイク

11:00 雑誌の撮影開始

18:30 テレビの収録開始

17:00 ヘアメイク

15:00 撮影終了・テレビ局に移動

13:00 休憩・昼食

テレビの収録中は楽屋などに待機をしながら、モニターをチェックします。

テレビ番組の内容や衣装に合ったヘアメイクをつくり込みます。

電車で移動中は、若い人の服装やメイクをチェックし、今の流行などを探っています。

スタッフが用意してくれた昼食を、マネージャーやスタイリストたちと食べます。

17:00

13:00

INTERVIEW インタビュー

石川ユウキさんをもっと

なぜこの仕事を選んだのですか?

　高校生のときに見た、美容師が主役のドラマに影響を受けました。自分自身が天然パーマの髪質でずっとなやんでいたこともあり、美容の知識を身につければ自分がもっとかっこよくなれるとも思ったんです。

　地元の美容専門学校を卒業し、東京都内の有名なサロンに就職しました。そこでは髪の毛を切るだけでなく、一般の人やタレントさんにメイクをする機会も多くありました。そこで自分のしたメイクを喜んでいただく機会が増え、「自分はヘアカットよりメイクの方が向いているのではないか」と気がつきました。わたしは子どものころから絵をかくのが好きだったのですが、メイクは絵をかくのにも似た感覚があり、とても楽しくやりがいも感じました。

仕事につくまでにどんな努力をしましたか?

　ヘアメイクアップアーティストをめざしてサロンを退職してからは、だれかのアシスタントにつくことなくフリーランスで活動をはじめました。30歳までは修業と考え、デパートのメイクコーナーや写真スタジオ、ウエディングなどさまざまな現場で経験を積みました。ヘアメイクの派遣会社に登録したり、自分自身で営業の電話をしたりしたこともあります。いろいろな現場で、あらゆる人のヘアメイクを経験したことが今の仕事のベースになっています。

この仕事で大変なことはなんですか?

　最も大変なのは、コミュニケーションの方法です。ヘアメイクの仕事は俳優さんやモデルさんだけでなく、そのマネージャーや雑誌やテレビの関係者など、かかわる人がとても多いのです。その場の状況に合わせて適切な言葉づかいや態度で接しないと、仕事の機会を失いかねません。わたしも何度も失敗をしながら、少しずつ学んでいきました。

　また、覚えることがとても多いです。ヘアメイク以外に、ネイルやマッサージなど、トータルで美しくする方法をつねに追求していかなくてはいけません。美容情報や化粧品は、どんどん新しいものが出てくるので、それらをチェックしておくことも大切です。

この仕事で印象に残っていることはどんなことですか?

　はじめて女優さんのヘアメイクを担当したときは、独特のオーラと透明感、肌の美しさにおどろきました。また、自分がヘアメイクを担当したアイドルグループの宣伝カーが渋谷の街を走っているのを偶然見かけたときは、うれしくて、感動したことを覚えています。

知りたい

そのころから、美容師時代にあこがれていた美容雑誌などで、女優さんやモデルなどを手がける「ビューティ」専門のヘアメイクアップアーティストとして活躍することを目標にして活動するようになりました。

> どんなときにこの仕事の
> やりがいを感じますか?

シンプルに「ありがとう」の言葉が聞けたときが一番うれしいですね。タレントさんならヘアメイクが終わったあと、「きれいにしてくれてありがとう」、クライアントさんの場合は仕事が終わったときに「すてきでした」などと言ってもらえるとやりがいを感じます。自分のヘアメイクが、雑誌やテレビなどを通じて世の中に出ていくのが見えるのはとてもうれしいことです。

ユウからの質問

> ヘアメイクの仕事をすると
> 芸能人に会えるの?

一般の人を専門にヘアメイクする場合は、あまり機会がないかもしれません。わたしは女優さんやモデルさん、タレントさんを専門にヘアメイクをすることが多いですが、はじめから担当できたわけではありません。たくさんの経験を積み重ねて技術や知識、マナーなどを身につけるうちに、自分のヘアメイクを気に入ってもらい、指名をもらえるようになりました。

わたしの仕事道具

イッセイミヤケ の服

仕事に行くときは、つねにこの服を着ていきます。わたしはおしゃれが苦手で、仕事に着ていく服になやんでいました。動きやすいけどカジュアルすぎず、派手すぎず、自分らしさも表現できる、そんな「ちょうどいい服」をさがしていたときに、出あったのがこの服です。

みなさんへの メッセージ

ヘアメイクの仕事は、努力すればした分の感動がわかりやすく返ってくる仕事です。まずは自分がどんなタイプのヘアメイクが好きか、向いているかを見きわめたうえで、専門の技術をみがいていきましょう。

プロフィール

1987年、富山県生まれ。美容専門学校を卒業し、東京・青山のヘアサロンで美容師としてはたらく。その後、フリーランスのヘアメイクアップアーティストとして独立。30歳で「ThreePEACE」に所属。「ハニルメイク」を考案して、2021年『読むだけで韓ドラヒロインに近づける 大人の韓国女優メイク』（主婦の友社）を出版。

石川ユウキさんの今までとこれから

1987年誕生

6歳

絵をかくことが好きで、将来の夢は漫画家になることだった。

18歳

ドラマの影響で美容師をめざし、美容専門学校に入学。自分がかっこよくなることを一番に考えていた。

16歳

専門学校を卒業後上京し、東京・青山の有名なヘアサロンに勤務。

今につながる転機

ヘアサロンで、ヘアメイクを喜んでもらう機会が増え、その後ヘアメイクアップアーティストをめざして独立。さまざまな現場で修業を積む。

23歳

はじめて芸能人のヘアメイクを担当する。

26歳

ヘアメイク事務所「ThreePEACE」に所属。自分自身の強みをどう生かし、どう売り出すかという「ブランディング」を意識するようになる。

30歳

現在

34歳

「ハニルメイク」を考案し、本を出版。俳優などの指名が増える。

未来

40歳

ヘアメイクの枠にとらわれず、さまざまな形で美容業界を盛り上げていき、趣味の少女漫画とヘアメイクを組み合わせた企画も実現したい。

石川ユウキさんがくらしのなかで大切に思うこと

イッセイミヤケの服は、仕事の
モチベーションをあげるので、
同じ服を何着も持っています。

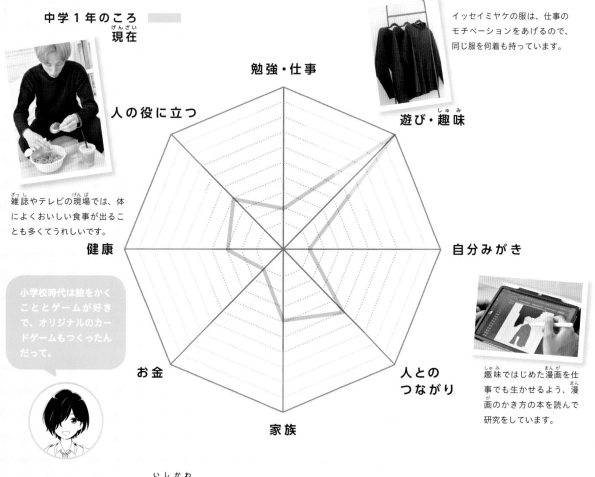

中学 1 年のころ
現在

勉強・仕事

人の役に立つ

遊び・趣味

雑誌やテレビの現場では、体
によくおいしい食事が出るこ
とも多くてうれしいです。

健康

自分みがき

小学校時代は絵をかく
こととゲームが好き
で、オリジナルのカー
ドゲームもつくったん
だって。

お金

人との
つながり

家族

趣味ではじめた漫画を仕
事でも生かせるよう、漫
画のかき方の本を読んで
研究をしています。

石川ユウキさんが考えていること

よい仕事をするためにも
食事、運動、睡眠はバランスよく

　ヘアメイクの仕事は、重いスーツケースで移動し
たり、長時間現場ではたらいたりと、けっこう体力
勝負です。わたしは風邪をひきやすいので、仕事を
休んでまわりの人に迷惑をかけないよう、健康には
気をつかっています。食べものは苦手な野菜や魚な
ども積極的に食べる、部屋を加湿する、空いた時間
にはジョギングをするなど、日々心がけています。
　とくに大事にしているのは睡眠で、できるだけ毎
日 8 時間は寝るようにしています。寝ることは肌に
とっても重要です。どんな女優さんでもしっかりと
寝ていないと肌がしぼんで、メイクのノリが悪くな
ってしまうんです。しっかり睡眠をとることで仕事
の効率がアップし、いろいろなアイデアもうかびま
す。よい仕事をするには、自分自身のコンディショ
ンを整えることが大切だと日々感じています。

FASHION STYLIST

スタイリスト

服を選ぶのって
むずかしくない？

スタイリスト
って？

服は自分で
用意するの？

仕事をどうやって
見つけるの？

スタイリストってどんなお仕事？

テレビや雑誌、映画などに出る人の服や小物を選んで、着こなしを整える（スタイリング）仕事です。スタイリングをする相手のイメージに合わせて、服や靴、鞄、アクセサリーを服飾メーカーから借りて、組み合わせ（コーディネート）を考えます。ドラマや映画の登場人物に合わせてスタイリングしたり、ファッション雑誌や、広告などの宣伝用にスタイリングしたりと、イメージに合ったスタイリングをします。

日ごろから流行やファッションに敏感であることがもとめられます。服や小物などがたくさん入った荷物を運ぶことが多いので、体力も必要です。スタイリスト事務所ではたらく人や、どこにも所属せずフリーランスではたらく人がいます。

給与
（※目安）

15 万円
くらい〜

勤務先によってちがいがあります。アシスタント時代は最低賃金になることも多いですが、トップスタイリストになると年収1,000万円以上も夢ではありません。

※既刊シリーズの取材・調査に基づく

（スタイリストに なるために）

ステップ 1
服飾系の専門学校などで基礎を学ぶ

服飾系専門学校を卒業する。服飾メーカーに入社してスタイリングの基礎を学ぶ人も。

ステップ 2
アシスタントとして経験を積む

スタイリスト事務所に入るか、有名スタイリストのアシスタントとなり、仕事を覚える。

ステップ 3
独立してスタイリストに

3年ほどで独立するケースが多い。自分の事務所を立ち上げる人も。

こんな人が向いている！

ファッションが好き。

流行に敏感。

人と話すのが好き。

体力がある。

臨機応変に対応できる。

もっと知りたい

服飾系専門学校の卒業は必須ではありませんが、知識や技術を身につけられ、就職先を紹介してもらいやすい利点があります。弟子入りにも知識と技術が必要で、つきたい師匠がいたら、目指すスタイリングをアピールするのがポイントです。

スタイリスト
髙山エリさんの仕事

中学生がモデルの撮影現場です。モデルの意見も聞きながら、スタイリングを決めていきます。

最初からイメージを固めすぎず
発見や出会いを大切に服を選ぶ

　髙山さんは、ファッション雑誌や映画、ドラマなど、さまざまなメディアでスタイリングの仕事をしています。また、自ら企画を考え、カメラマンやモデルなども選んで、作品をつくることもあります。そのときは、発表するメディアを自分でさがし、作品を売り込みます。

　髙山さんの仕事は、メディアの制作者から仕事の依頼を受けるところからはじまります。雑誌であれば、編集者の依頼を受け、カメラマン、ヘアメイクなどの制作スタッフと、どんなスタイリングで、どんなメイクにするのかなどを打ち合わせます。複数のスタッフで一つの作品を仕上げることになるので、話し合いは重要です。カメラマンの個性や着る人のキャラクターに合わせて、イメージをふくらませます。

　スタイリングのイメージができたら、服選びに入ります。この仕事は、日ごろからどれだけ服にふれているかが問われます。髙山さんは、普段からさまざまな服を調べたり、いろいろなジャンルのお店に足を運んだりして、頭の中の「服の引き出し」をふやしていま

す。新たなブランドに出合ったら問い合わせて、服の
コンセプトを聞いたりするなど、ブランドの特徴や理
念なども理解するようにつとめています。

　イメージに合った服が見つかると、服を借りるため
にブランドやお店に問い合わせて、「どんなメディア
にのるのか」「どんな作品をつくるのか」「モデルはだ
れか」などを説明します。内容によっては、イメージ
に合わないからと、ことわられる場合もありますが、
なぜその服が必要なのかをていねいに伝えるように心
がけます。

　服の貸し出しが認められると、お店に服を借りに行
きます。その場に行くと、借りる予定の服よりもさら
にイメージに合う服に出あうことがあります。そのと
きは、新たなコーディネートを考えることもあります。
撮影当日までは、こうした発見と更新の連続なので、
スタイリングのイメージをあらかじめ固めすぎないよ
うに気をつけています。くつや小物などについても、
同じ手順で借りていきます。

撮影現場は生もの
状況に合わせて柔軟に対応する

　撮影当日は、服やスタイリングに必要な道具をもっ
て現場に入ります。用意するコーディネートは１パタ

中学校を舞台にモデルの撮影がはじまると、信頼をよせるカメラマンに絵づくりはまかせ、髙山さんはスタイリングの調整に徹します。

ーンだけではないので、荷物は大量です。

　雑誌では、モデルやカメラマン、ヘアメイク、編
集者、映画やドラマでは監督や制作スタッフ、俳優
やマネージャーなど大勢が集まるため、現場ではいろ
いろな意見が出たり、その時々で状況が変わったりす
ることがよくあります。

　また、担当する俳優の衣装をスタイリングするとき
に、ほかの出演者が着る衣装との相性も考えて、コー
ディネートをしなおす場合も出てきます。

　髙山さんは、着る人の意見も大事にしています。モ
デルや俳優に選んだ服を着てもらうときは、スタイリ
ングのイメージを伝え、意見を聞きながら最終的なコ
ーディネートを決めていきます。

　このように、多くの人たちと連携をとりながら、現
場で柔軟に対応できるよう、事前にスタイリングを決
め込まず、複数の服やくつを用意して臨みます。

　スタイリングが終わるといよいよ撮影です。背景や
光の具合など、撮影場所に応じてスタイリングを調整
します。髙山さんのスタイリングは撮影直前にようや
く完成するのです。

　撮影が終了すると片づけをし、運び込んだ大量の荷
物をもって自宅に帰ります。借りた服は基本的に、撮
影の翌日までにはお店に返却しなければならないので、
アイロンをかけて、借りたとき以上にきれいにして返
却するよう心がけています。

俳優の衣装を借りにお店に行きます。服の生地やつ
くりなどもたしかめて、借りるかどうかを決めます。

ERI'S 1DAY

髙山エリ
さんの
1日

午前中に服を借りに行き、午後は撮影と、全力でとりくむ髙山さんの1日を見てみましょう。

朝型なので、早く起きてしっかり朝食を食べ、今日の予定にそなえます。

午後の撮影に使う服のコーディネートを確認し、服のタグを外して、アイロンをかけてきれいにしておきます。

4:00
起床・朝食

5:00
撮影の準備

22:00
入浴・就寝

18:30
帰宅・返却準備

17:30
撮影終了・片づけ

夕食後、借りているたくさんの服をブランドごとに仕分けて、返却準備を行います。

28

10:00

別の撮影に使う衣装を借りるため、お店をめぐります。多いときは1日10軒くらいのお店をまわります。

服を選ぶときは、着心地や服のつくりを確認するために、自分でも試着するようにしています。

昼食後、午後の撮影のために着替えます。撮影のときはいつも作業がしやすいパンツスタイルを選びます。

大好きなくつは「よい出あい」をもたらしてくれると信じ、動きやすいヒールで行きます。

9:00
家を出る

10:00
お店に到着

12:00
帰宅・昼食

13:30
家を出る

15:30
撮影開始

14:30
スタイリング

14:00
撮影現場に到着

カメラマンと連携して、撮影場所ごとにモデルのスタイリングをチェックしています。

現役中学生をモデルにした撮影です。1人ずつスタイリングをし、モデルの体型に合わせてすそ上げやウエストのサイズを調整します。

大量の服やくつ、小物、道具を持っていきます。服はしわにならないようラックにかけたまま運びます。

15:30　14:30　14:00

高山エリさんをもっと

> スタイリストになりたいと
> 思ったきっかけは？

　高校生のときに親友から「エリは服が好きだから、スタイリストになれば？」と言われたのがきっかけです。それまで、自分では服を好きだと思っていなくて、むしろほしい服がみんなとちがう自分はおかしいのかと思っていました。でも親友は、わたしの服へのこだわりを感じていたのかもしれません。彼女のひと言で、自分は服が好きだから、だれかと同じような着こなしをすることに抵抗があったのだと気づきました。

> この仕事でうれしいのは
> どんなときですか？

　自分では思っていなかった作品に仕上がったときです。1人でつくるものは自分で想像できてしまうので、興味がわきません。だからこそ、いっしょに作品をつくる制作スタッフとのコミュニケーションを大切にしています。撮影前に、どんな作品にするのか、よく相談して信頼関係を築くようにしています。

> この仕事で苦労するのは
> どんなことですか？

　ブランドやお店から服の貸し出しの了承を得るのに苦労しています。ファッションは自由といいますが、服の貸し出しは、自由ではないんです。たとえば、あるブランドの服を借りたくても、ブランドのイメージやタイミングが合わない場合は許可をもらえません。雑誌もいろんなジャンルがあるので、雑誌のイメージが合わない場合もことわられます。

　けれどもどうしてもそのブランドの服が必要で、あきらめきれないときは、全力でその服が必要な理由を説明します。それでも場合によっては、ことわられてしまうこともあります。自らの考えをどう相手に伝え、受け入れてもらうかは、永遠のテーマでもあります。

> スタイリングするときに
> どんなことを考えていますか？

　ルールのなかでいかによりよい作品をつくるか、リアルとファンタジーのまん中をねらっています。

　たとえば、中学生をモデルにした撮影では、事前に生徒一人ひとりに好きなものを聞いて、着る人の個性に合わせてイメージをふくらませていきます。ヘアメイクさんには、マニキュアをぬるかどうかを相談されましたが、校則ではマニキュアは禁止なので、ルールを守りながらいかにみんなの個性を出していくかを考えて、スタイリングをしました。

　それは服の貸し出しでも同じで、服のよさをこわさずに、服と着る人の新たな魅力を引き出せるスタイリングを考えています。

知りたい

印象に残っている仕事は
ありますか？

　それまで雑誌中心でやってきて、はじめて長編ドラマのスタイリングをまかされたときです。雑誌の撮影は1回限りで、制作スタッフも少人数の気の合うメンバーが多く、コミュニケーションをとりやすいのですが、ドラマは、はじめて会う制作スタッフが大勢いて、撮影も1回だけではありません。そのため、話し合う時間が足りず、意思の疎通がうまくいかないまま進行してしまうこともありました。でも、さまざまな現場でいろいろな人と出あい、経験を重ねていくうちにできることがふえ、あの失敗があって今の自分があると思えるようになりました。

ユウからの質問

家で着ている服も
そんなにおしゃれなの？

　家には自分が好きなものがあふれていますし、自分が好きなものを身につけています。「おしゃれ」がなにか、わたしにもわかりません。人の目を気にしたり、ブランドや流行、値段で判断したりする人も多いかもしれません。でも、「自分のおしゃれ」は自分だけのものなんです。まずは自分の気持ちに素直になること。なぜその服やものを選ぶのか、自分の気持ちと向き合うことが大切ですよ。

わたしの仕事道具
道具袋

昔飼っていた猫の名前「NEKO」を刺繍した道具袋です。現場では、スタッフも各自道具袋をもってくるため、名前をつけています。中にはアイロンや裁縫道具、くつべらなど、撮影に必要な道具一式が入っています。

みなさんへの
メッセージ

やりたいことがあったら、あきらめないでください。ぜったい無理だと思っていても、行動してみると意外と道が開けることがあります。自分の気持ちに素直に動いて、もしダメでも、次にがんばればいいんです。

プロフィール

1983年、千葉県生まれ。文化服装学院スタイリスト科を卒業後、2003年にスタイリストのアシスタントをはじめ、2007年に独立。雑誌や広告だけでなく、NHK朝の連続テレビ小説「まれ」や映画『リバーズ・エッジ』『劇場』などの長編映像作品の衣装も手がけ、ジャンルの垣根をこえて活躍中。

髙山エリさんの今までとこれから

1983年誕生

12歳

今につながる
転機

17歳

18歳

上京して、文化服装学院スタイリスト科に入学。授業が楽しくてたくさん勉強をした。

20歳

21歳

アシスタントについて、ファッション雑誌を中心に活動。スタイリングの基本と社会人のマナーを覚えた。

24歳

現在

30代は長編映像作品のスタイリングに挑戦。失敗をくりかえし、まわりの人に助けられながら進化をしている。

38歳

未来

？？歳

友だちと服を買いに行くと、いいと思う服が人とはどこかちがい、なぜちがうのかが疑問だった。

英語に特化した高校に進学したものの、勉強に集中できなかった。そんなとき、「スタイリストになれば？」の親友のひと言で道が開けた。

学校の先生にスタイリストを紹介してもらい、アシスタントとしてはたらきはじめた。

独立して、本格的にスタイリストとして活動を開始。気になるメディアを開拓し、自分を売り込んだ。

何歳になっても最後まで自分らしく、誠実に仕事ができればそれでいい。

髙山エリさんがくらしのなかで大切に思うこと

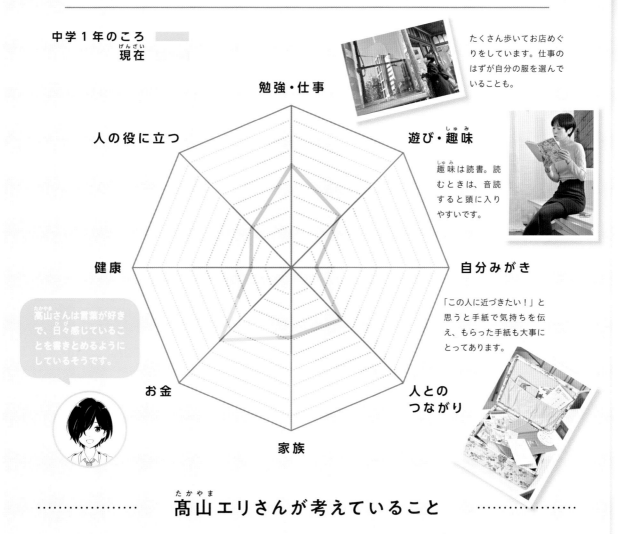

中学1年のころ
現在

勉強・仕事

人の役に立つ

健康

お金

家族

人との
つながり

自分みがき

遊び・趣味

たくさん歩いてお店めぐりをしています。仕事のはずが自分の服を選んでいることも。

趣味は読書。読むときは、音読すると頭に入りやすいです。

「この人に近づきたい！」と思うと手紙で気持ちを伝え、もらった手紙も大事にとってあります。

髙山さんは言葉が好きで、日々感じていることを書きとめるようにしているそうです。

.... 髙山エリさんが考えていること ....

人に思いやりをもちながら "やりたい" ことに誠実に向き合う

服と同じくらい人が好きです。スタイリストの仕事は、人の力をお借りして成り立っています。だからこそ、カメラマン、ヘアメイク、服を着る人など、制作にかかわる人に敬意と思いやりをもって、自分がやりたいことを受け入れてもらえるように言葉を使います。直接かかわる人以外でも、たとえば、つくり手であるデザイナーや職人の仕事をくみとり、伝えていくことも、わたしの大切な役目です。ビジュアルで表現する仕事だからこそ、目に見えない奥のところまで寄りそってスタイリングしたいと思っています。

要領が悪くて、失敗ばかりですが、いろいろな人の気持ちを考え、時にぶつかり、目の前のことに正直に向き合ってきたからこそ、信頼できるスタッフと長くいい関係が続いているのかなと思います。

JEWELRY DESIGNER

ジュエリー
デザイナー

アクセサリーと
ジュエリーは
ちがうの？

？

宝石鑑別士の
資格は必要？

？

センスは
どうやって
みがくの？

？

石はどこで
見つけるの？

？

ジュエリーデザイナーって どんなお仕事？

ジュエリーデザイナーは、アクセサリーのなかでも、金・銀やプラチナ、天然石といった価値の高い素材を使い、指輪やネックレス、イヤリングなどをデザインする仕事です。ジュエリーメーカーではたらく人もいれば、独立してブランドを立ち上げる人もいます。デザインのセンスに加えて、貴金属や天然石、その加工技術の知識を身につけることが必要です。また、見ばえのよさだけではなく、着け心地までこだわってデザインすることがもとめられます。デザインから加工・製作まで1人でこなす人もいますが、デザインのみをして、つくる工程はほかに依頼する人もいます。お客さまから直接オーダーを受ける場合は、コミュニケーションの能力も必要です。

給与
（※目安）

18 万円
くらい〜

企業ではたらく場合は、経験とともに給与も上がっていきます。独立する場合は、実力によって大きく差が出ます。人気が出れば収入も上がります。

※既刊シリーズの取材・調査に基づく

ジュエリーデザイナーに なるために

ステップ 1
ジュエリーデザインの専門学校で学ぶ
専門学校で知識や技術を学ぶ。美術系の大学でデザインセンスをみがく人もいる。

ステップ 2
ジュエリーメーカーやショップで経験を積む
大手企業ではデザインのみの担当が多く、小さい会社では企画から製作まで行うことも。

ステップ 3
自分のデザインを発表
展示会などで作品を発表して販売したり、インターネットを利用して販売する人も。

こんな人が向いている！

宝石など美しいものが好き。

おしゃれが好き。

手先が器用。

絵をかくのが好き。

好奇心が強い。

もっと知りたい

学歴や資格は必要ありませんが、製作技術では「貴金属装身具製作技能士」、販売の知識を身につける「ジュエリーコーディネーター」や宝石鑑別士の資格「FGA」「GIA・GG」などの資格をとっておくと、就職のときに強みになります。

ものを拡大するルーペ越しに石の内部を見て、どんな鉱物がまじっているか確認します。

個性のある石をもとめて
海外の鉱山近くまで足を運ぶ

　杉村さんは、ブランド「MOEMI SUGIMU
RA」を立ち上げ、石の仕入れからデザイン、販売を
手がけるジュエリーデザイナーです。

　ジュエリーと聞くと、すきとおった宝石を想像する
人がいるかもしれませんが、杉村さんのジェエリーは
ひと味ちがっていて、使っている石に特徴があります。
石そのものがアートピースのように見えるかどうかを
大切にしていて、石の中にまじった鉱物が景色のよう
に見えたり、模様がおもしろかったりするような、個
性がある石を使っています。

　一つ一つに個性がある石は大量生産には向かないの
で、日本の石屋さんたちはあまり買いつけをしません。
そのため、杉村さんはタイ、中国、ミャンマー、スリ
ランカといった宝石がとれる場所や加工される国に行
って、自分の目で選ぶようにしています。

　宝石がとれる場所では、地元の人たちが開くマーケ
ットで気に入った石をさがしたり、売っている人の家
まで行ってコレクションを見せてもらったりして、人
との出あいも一緒に楽しみながら仕入れをしています。

ジュエリーの美しさだけでなく
背景にある物語を伝える

　杉村さんは、春・夏・秋に展示会を開き、新作を販売するようにしています。ジェエリーをどう売っていくか、販売方法を考えるのも杉村さんの大切な仕事です。展示会では、季節に合ったジュエリーを販売することもあれば、テーマを決めて販売することもあります。また、花の色に合わせたジュエリーを花屋さんで展示するなど、場所にこだわることもあります。

　デザインはあくまで石が主役なので、石を絵に見立てて額装するようなイメージで仕立てたり、石の模様をそのまま地金（金属の部分）でも表現したりします。展示会のテーマが決まっている場合は、それにそったデザインも考えます。たとえば、花屋さんがテーマのときには植物からモチーフをさがし、タイの写真を展示したときにはタイの風景やイメージカラーから石を選んで、タイの建築からモチーフをさがしました。そのようにして毎回テーマを変えると、お客さまも楽しんでくれます。

　デザインが決まると、製作は工場に依頼します。工場に発注するときは、デザイン画のほか、どんな素材を使うか、サイズはいくつかなど、細かな指示書を書いて、石とともに工場に送ります。依頼している工場

スケールという機材を使って石のサイズをはかり、デザイン画とともに、工場への加工依頼書を書きます。

はいくつかあり、工場によって職人さんたちが得意としていることがちがうので、それをいかすように工場を選んだり、新作を考えたりします。

　今は写真や動画でやりとりも簡単にできるので、途中でチェックをしながら進めていきます。

　加工がすべて終わると完成品が送られてくるので、きずがついていないか、石がしっかり固定されているかなど、細かく調べて検品します。

　デザインと並行して、展示会の告知の準備もはじめます。杉村さんのお客さまは、杉村さんが発信するブログやSNSを見て、展示会に足を運ぶかどうかを決めています。そのため、どんな展示会を開くのか、どんな作品を販売するのか、事前に伝えておく必要があるのです。そのとき大切なのは、見た目の美しさだけでなく、作品の背景となった物語や、メッセージもそえることです。文章だけでなく、動画や音声など、さまざまな形を用いて伝えます。

　展示会が開催されると、お客さまが展示会におとずれ、杉村さんのジュエリーを買っていきます。杉村さんのジュエリーがお客さまから支持されているのは、独特の審美眼で選んだ石の魅力はもちろん、すべての工程にかかわる杉村さんだからこそ伝えられる、ジュエリーの背景にある物語に説得力があるからです。

タイとミャンマーの国境地帯にあるマーケットで、ミャンマー産の水晶を仕入れます。

杉村萌弥さんの1日

育児をしながら、展示会の準備や告知にいそがしい杉村さんの1日を見てみましょう。

2歳になる子どもが目覚めると、1日がはじまります。一緒に起きて朝食を食べます。

子どもを保育園に送るのは夫にまかせ、ふたりを見送ると、家事をすませます。

6:30
起床・朝食

8:30
見送り・家事

21:30
就寝

18:30
子どもと遊ぶ

子どもが寝つくと、一緒に寝ます。

夫の両親の家でごはんをすませた子どもが家に帰ってきたら、お風呂に入れて一緒に遊びます。

18:30

10:30

取引先やお客さ
まからのメール
を確認して返信
します。

ブログやSNSにのせる写
真を撮影します。午前中
の自然光をとり込むと、
やわらかい美しい写真に
仕上がるので、撮影は午
前中に行います。

近所に住む夫の両親の家
で昼食をとります。両親
は中華料理のシェフだっ
たのでおいしい中華料理
が食べられます。

9:30
仕事開始・メール確認

10:30
写真撮影

12:00
昼食

18:00
夕飯

17:00
帰宅

14:00
販売スタッフと相談

13:00
お店に向かう

保育園にいる子ども
を夕方まで両親の家
にあずけて、夫婦ふた
りで夕食を食べます。

販売スタッフにジュエリーのおす
すめポイントを伝えます。スタッ
フに気に入ってもらえるとお客さ
まにもすすめやすいので、お店に
合わせてラインナップを決めます。

期間限定でジュ
エリーを展示販
売しているジュ
エリーショップ
に向かいます。

14:00

INTERVIEW

杉村萌弥さんをもっと

すぎむらもえみ

石の魅力にめざめたきっかけはなんですか？

学校卒業後、生地や天然石を販売する会社で、海外に買いつけにいくバイヤーという仕事をしていました。そこで、ハンドメイド用の天然石を仕入れた経験が、今につながっています。ただ、今のような石を好むようになったのはタイに住んだのがきっかけです。バンコクは宝石やジュエリーの加工、流通の場所として世界的に有名で、たくさんの発見がありました。また中国人の夫と知り合ったことで、中国での石の文化を知ったことも大きかったです。中国には石を風景に見立てて楽しむすてきな文化が根づいています。

この仕事で苦労したことはどんなことですか？

指輪を加工してくれる工場を見つけるのに苦労しました。独立したてのころに依頼した工場の指輪は、まったく売りものにならない仕上がりで、石を50個ほどダメにしたことがあります。とくにわたしの石は、中に他の鉱物がまじっているため、こわれやすくデリケートです。そのため、技術もあって、わたしの石をおもしろがってくれる人たちでなければ、うまく仕上がりません。そのため、はじめは工場さがしに苦労しましたが、今ではいい職人のいる工場との出あいもあり、満足いく仕事ができています。

人生で影響を受けた人はいますか？

母方のおじいちゃんと父です。特におじいちゃんは戦時中兵士をしていたのですが、戦争自体に疑問をもっていたため、自ら捕虜となっためずらしい人です。おじいちゃんは、世の中の当たり前を疑い、物事の本質を見る目をもっていました。そんな精神を受けつぎ、わたしも一歩引いて世の中を見るくせがつきました。今では、ジュエリー業界で常識とされていることに疑問をいだくことが多く、それが作品づくりのアイデアにもなっています。

これまでにどんなアイデアを形にしてきましたか？

たとえば、昭和につくられたジュエリーをそのまま再利用したシリーズをつくっています。昭和の指輪は、石の部分にガラスや合成石をはめたものが多く、お母さんやおばあちゃんからゆずり受けた大切なジュエリーでも、金銀の再利用としてつぶされてしまうことがよくあります。でもその指輪には、昭和の職人が手作業ですばらしい装飾をしています。機械でできることが多くなった今だからこそ、昔のものづくりに敬意をはらう意味でも、枠はそのままに、石のほうを今風にとりかえて、新たな命を吹き込むというアイデアを形にしました。

知りたい

いいデザインをする
コツはありますか?

ジュエリーの世界だけに染まらず、いろいろな経験をしている人がおもしろいデザインをしています。今は情報社会なので、技術を身につける方法はいくらでも調べられます。しかし、センスはいくら調べても身につきません。わたしの場合は、学生時代にファッションを学んだ経験と、さまざまな国を旅し、異国の文化にふれ、語学をみがいた経験が生きています。一見、遠まわりと思える経験がデザインには必要なので、たくさん挑戦や失敗をして、経験を積むことが大事です。

ユウからの質問

道ばたでひろった石も
ジュエリーになるの?

はい、きれいだと思ってひろった石が、加工しても割れにくければ、ジュエリーになります。一般的な宝石の価値は人が決めたもの。たとえば、一番価値の高いとされるルビーに、濃い赤色の「ピジョンブラッド」とよばれるものがあります。でも少しピンクになると値段はぐんと下がるんです。赤いほうが希少性が高いのですが、どちらもきれいだし、ピンクのほうが好きだという人もいます。人が決めたルールで価値を判断するよりも、自分が美しいと思う基準を大切にしてほしいと思います。

わたしの仕事道具

6倍(黒色)と10倍(銀色)のルーペを愛用しています。10倍ルーペは、工場から送られてきた指輪にきずがついてないか、検品するときに使います。6倍ルーペは、石の内包物を見たり、展示会で石をよく見たいお客さまにのぞいてもらったりするときに使います。

ルーペで見たガーネット。

みなさんへの メッセージ

小さいころは、なんでもまねしてみましょう。でも大人になってプロとしてお金をもらうときに、人のデザインをまねするのははずかしいことです。今からいいものをたくさん見て、センスをみがいてください。

杉村萌弥さんの今までとこれから

プロフィール

1985年、東京都生まれ。文化服装学院メンズコース卒業後、7年間会社員をしたのち、語学留学でアイルランドへ。ジュエリーショップでバイトをしながら2015年に独立。タイで石の仕入れや工場の開拓を行い、帰国後の2017年、本格的にブランドを立ち上げ、新しい発想で注目されています。

1985年誕生

15歳

スポーツ少女で、中学ではバレーボール部に入る。部活にあけくれる毎日だったが、中学3年のときに大けがをしてやめた。

16歳

学校中のみんなが同じ制服を着るのがいやで、私服で通える高校に進学する。

高校の先輩も通っていて、ファッションショーにあこがれがあったので、文化服装学院に入学を決める。

18歳

20歳

洋服をつくるよりも、どうやってコーディネートするかを考えるほうが楽しくて、アクセサリーを自分でつくるようになる。

今につながる転機

生地や天然石を販売する会社に入社。海外で仕入れをするバイヤーの仕事がおもしろくてやみつきになる。

22歳

会社を辞めてもバイヤーとして海外での旅と仕入れを続けられるよう、アイルランドに語学留学。現地のジュエリーショップでアルバイトをはじめる。

ジュエリーの生産量世界一のタイに中国人の彼と移住し、東南アジアで石の仕入れをはじめた。翌年日本へ帰国。

28歳

31歳

現在

37歳

本格的なブランドの立ち上げから5年が経過し、ジュエリーをあつかう販売店の売り方を工夫するように。

未来

40歳

お客さまや同じクリエイター同士でも正しい石の知識を共有できるように、オンライン講座も開きたい。

杉村萌弥さんがくらしのなかで大切に思うこと

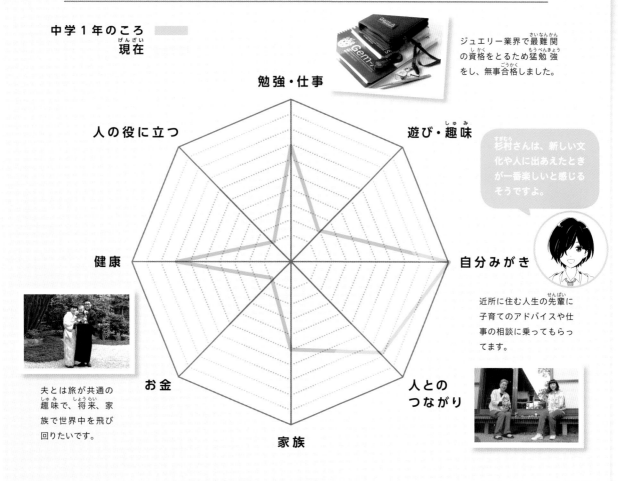

中学1年のころ
現在

勉強・仕事

ジュエリー業界で最難関の資格をとるため猛勉強をし、無事合格しました。

遊び・趣味

杉村さんは、新しい文化や人に出あえたときが一番楽しいと感じるそうですよ。

自分みがき

近所に住む人生の先輩に子育てのアドバイスや仕事の相談に乗ってもらってます。

人の役に立つ

健康

夫とは旅が共通の趣味で、将来、家族で世界中を飛び回りたいです。

お金

家族

人とのつながり

杉村萌弥さんが考えていること

若い職人さんと一緒に、未来をつくっていきたい

一緒に製作をしてくれる職人さんをSNSやブログで紹介しています。職人は裏方として表に出ないことが多かったのですが、彼らがいないとよい作品はできあがりません。また、なるべく若い職人さんと一緒に仕事をするようにもしています。熟練の職人さんの技術を伝えていくのも大事ですが、未来をつくっていくのは若いつくり手です。私が紹介することで、ほかのデザイナーとの仕事につながったり、子どもたちが「こんなお仕事やってみたい！」と思ってくれたら、日本のものづくりの未来がもっとよくなると思っています。このあいだは、サンゴの彫り師さんにあえてパールを彫ってもらいました。職人さんが得意とする技術をいかしてデザインをかけ合わせることで、おたがいに新しい挑戦ができました。これからも一緒に盛り上げていきたいです。

おしゃれが好き！
な人にオススメの仕事

この本で紹介した、ファッションデザイナー・ヘアメイクアップアーティスト・スタイリスト・ジュエリーデザイナー以外にも、「おしゃれが好き！」な人たちにオススメの仕事はたくさんあります。ここでは番外編として、関連のある仕事をさらに紹介していきます。

▶ 職場体験完全ガイド ⑤ p.3 とあったら
「職場体験完全ガイド」（全75巻）シリーズの5巻3ページに、その仕事のくわしい説明があります。学校や図書館にシリーズがあれば、ぜひチェックしてみてください。

パタンナー

（こんな人が向いている！）
・服のラインやシルエットにこだわりがある
・正確な作業が得意
・パソコンを使った作業が好き

（こんな仕事）
デザイナーが描いたデザイン画をもとに、じっさいに服に仕立てるための型紙（パターン）を制作します。立体裁断や人体の構造についての知識を活用して、シルエットの美しさや着心地のよさを実現。アパレルCAD（キャド）というパソコンソフトで型紙をつくることもあります。

（パタンナーになるには）
必須の資格はありませんが、服に関する多くの知識が必要なため、服飾系の大学や専門学校、スクールで学ぶ人が多いです。CADの資格を取得してもよいでしょう。

テーラー

（こんな人が向いている！）
・仕立てのよい服に興味がある
・こつこつと技術をみがくのが得意
・大量生産ではないものづくりが好き

（こんな仕事）
生地を選んで型紙（パターン）をつくり、主に紳士服を仕立てる仕事です。お客さまの希望を聞き、採寸してジャケットなどを1点ずつ仕上げます。洋服をオーダーする人は減っていますが、センスと腕をみがけば人気店を経営することも可能です。

（テーラーになるには）
資格は必要ありませんが、洋服や伝統への豊富な知識、洋裁技術がもとめられます。大学や専門学校で服飾を学ぶほか、職人に弟子入りする人もいます。

和裁士

（こんな人が向いている！）
・着物や日本の伝統文化に関心がある
・手先が器用
・マイペースでコツコツやることが得意

（こんな仕事）
着物やはんてんなど、日本古来の衣服をつくるための縫製技術者です。ミシンを使わず、和裁針を用いてすべてを手縫いで仕上げるには、たしかな技術と正確さが求められます。また、すでに出来あがった着物のサイズを、着る人に合わせて仕立て直すこともあります。

（和裁士になるには）
和裁が学べる大学や専門学校で学ぶほか、和裁所で修業するなどして技術を学びます。国家資格である「和裁技能士」を取得することで就職に有利になることもあります。

アパレルメーカースタッフ

（こんな人が向いている！）
・ファッションやトレンドに興味がある
・販売の仕事が好き
・グローバルな市場に関心がある

（こんな仕事）
衣服や装身具などを生産・販売するのがアパレルメーカーです。新商品の開発や生産管理、販売など幅広い職種があり、採用条件も異なります。おしゃれが好きなだけでなく、マーケティングやコスト管理の意識、近年では環境保護に対する意識などももとめられています。

（アパレルメーカースタッフになるには）
デザイナーなど専門的な職種の場合、服飾系の大学や専門学校で制作した作品などが採用の基準になることがあります。企画職では、大学卒業以上が条件となることもあります。

古着屋さん

（こんな人が向いている！）
・ファッションが好き
・なにかをくわしく調べることを楽しめる
・自分の個性を大事にしたい

（こんな仕事）
国内や海外から古着を仕入れ、お店やインターネット上で売る仕事です。よい古着を仕入れるためには、自分のセンスを生かすだけでなく、洋服の知識とトレンドを意識することが必要です。

（古着屋さんになるには）
資格は必要ありませんが、自分のお店を始めるときは警察署で古物商（中古品を売買する人や業者）の登録を行います。海外で仕入れをする場合は、語学力や国際運転免許が役に立ちます。

▶ 職場体験完全ガイド ㉝ p.3

靴職人

（こんな人が向いている！）
・職人の技術に興味がある
・じっくりとものづくりに取り組める
・1人で取り組む作業が好き

（こんな仕事）
お客さまから注文を受け、リクエストや足の形にぴったりの靴をつくります。材料は主に革で、デザインからカット、縫製までを基本的に1人で行います。歩きやすい靴をつくるためには、解剖学や運動学の知識も必要になります。

（靴職人になるには）
靴づくりの学校などで技術を学ぶ人が多いですが、海外に留学する人も。実績がないと独立しても安定して注文を受けることはむずかしいです。靴メーカーや工房ではたらき経験を積んでから独立するのが一般的です。

美容師

（ こんな人が向いている! ）

・ファッションやメイクなどおしゃれが好き
・人と話すのが好き
・なにかをつくるのが楽しいと感じる

（ こんな仕事 ）

　主に美容室で髪を切ったり、ヘアカラーをしたり、パーマをかけたりする専門職です。髪だけでなくメイク、ネイル、まつ毛など美容全般の知識を活用し、トータルでお客さまを美しくします。テレビや雑誌などの撮影現場などでヘアを担当する人もいます。

（ 美容師になるには ）

　国家試験に合格する必要があり、厚生労働省が認定した専門学校で技術や知識を学び、受験資格を得ます。美容室ではたらきながら学校に通う人もいます。

▶ 職場体験完全ガイド ⑩ p.3

理容師

（ こんな人が向いている! ）

・道具を使って正確な作業をするのが得意
・ミリ単位の違いにこだわることができる
・人の話を聞くことが好き

（ こんな仕事 ）

　主に理容室で髪を切ったり、パーマをかけたりして身だしなみを整える専門職です。美容師との違いはカミソリを使った顔剃り（シェービング）ができること。顔まわりを総合的に扱えることが特徴です。高齢者施設などでのケア理容師の仕事もあります。

（ 理容師になるには ）

　厚生労働省が認定した専門学校で技術や知識を学び、国家試験に合格する必要があります。美容師とのダブルライセンス取得を目指すことも可能です。

▶ 職場体験完全ガイド ㉚ p.15

ネイリスト

（ こんな人が向いている! ）

・アートや絵をかくことが好き
・細かい作業が得意
・おしゃれやメイク、流行に関心がある

（ こんな仕事 ）

　マニキュアなどを使いネイル（爪）を装飾したり、健康を保つケアをしたりする仕事です。ネイルサロンや美容室ではたらくほか、独立して自分の店を持つこともできます。芸術的なデザインを極めれば、ネイルアーティストとして活躍できます。

（ ネイリストになるには ）

　国家資格はないですが、「ネイリスト技能検定試験」などの検定に合格してからの就職が一般的。ネイルサロンではたらきながら検定を受ける人もいます。

▶ 職場体験完全ガイド ㊱ p.27

モデル

（ こんな人が向いている! ）

・美しいアートや世界観に引かれる
・自己管理能力が高い
・表現することが好き

（ こんな仕事 ）

　雑誌の企画やデザイナーのファッションショーなどで、洋服を美しく着こなします。ステージモデルの場合は高身長が求められることもありますが、最近では様々な体型の人が活躍しています。企画の意図を理解するコミュニケーション力も必要です。

（ モデルになるには ）

　スカウトやオーディションを経て、モデル事務所に所属することが多いです。所属した後も仕事を得るためにさらにオーディションを受ける場合が多いです。ウォーキングなどに高額なレッスン料がかかる場合もあります。

▶ 職場体験完全ガイド ⑩ p.15

ファッション雑誌編集者

(こんな人が向いている！)
・ファッションや流行を調べることが好き
・ノートの見せ方にこだわりがある
・人や商品の魅力を引き出すことが得意

(こんな仕事)
　雑誌のテイストに合わせ、最新のファッション情報を読者に届ける記事をつくります。どうすれば商品の魅力を伝えられるか考えてモデルやカメラマンに仕事を依頼します。市場を分析したり、正確に文章をまとめたりする技術も必要です。

(ファッション雑誌編集者になるには)
　大学を卒業し、出版社や編集プロダクションに就職して配属されます。スキルを身につけたら、独立してフリーランスの編集者になる道もあります。

▶ 職場体験完全ガイド ㉟ p.35

化粧品メーカースタッフ

(こんな人が向いている！)
・コスメやデザインが好き
・人に喜んでもらいたい
・商品の成分や化学に興味がある

(こんな仕事)
　化粧品の製造・販売メーカーに勤務する仕事です。商品企画から販売まで職種はさまざまで、開発スタッフには化学の知識も求められます。販売員としてカウンターでお客さまの相談に乗る際には、コミュニケーションスキルや色の流行、メイクのトレンドへの理解も必要です。

(化粧品メーカースタッフになるには)
　職種によって方法は異なりますが、企画職では大学卒業の資格が求められることがあります。コスメへの興味だけでなく、工学や法律など様々な知識を身につけておく必要があります。

「職場体験完全ガイド」で紹介した仕事

「おしゃれが好き！」な人が興味を持ちそうな仕事をPICK UP！

染めもの職人 ▶ ⑫ p.15
織物職人 ▶ ㉛ p.13
アクセサリー作家 ▶ ㊶ p.25
エステティシャン ▶ ㊱ p.37

こんな仕事も…

テキスタイルデザイナー／帽子職人／
かばん職人／カラーコーディネーター／
着付師／リフォーマー

関連のある仕事や会社もCHECK！

関連のある仕事
デパート販売員 ▶ ⑬ p.29
クリーニング屋さん ▶ ㉟ p.25

関連のある会社
ユニクロ ▶ ㊲ p.5
GAP ▶ ㊲ p.15
カシオ ▶ ㊲ p.25
資生堂 ▶ ㊲ p.35

服飾系の仕事だけでもこんなにいろいろあるんだね。

取材協力

drama H.P.FRANCE 日本橋店
MOEMI SUGIMURA
SAVANT SHOWROOM
STUDIO「μ」
yushokobayashi
阿部マリイ（THERME inc.）
安納愛瑠望
世田谷区立梅丘中学校 美術部
　井上牧子
　木村太一
　鈴木理人
　橘深月
　中川咲
　森深緑
友森理恵
南部恭平
沼田佳命子
松岡一哲（THERME inc.）
有限会社 スリーピース

スタッフ

イラスト	加藤アカツキ
ワークシート監修	株式会社 NCSA
	安川直志（キャリアデザインアドバイザー）
	安川志津香（キャリアデザインアドバイザー）
編集・執筆	青木一恵
	田口純子
	樋口かおる
	前田登和子
	吉田美穂
撮影	石見祐子
	大森裕之
	竹内洋平
デザイン	パパスファクトリー
編集・制作	株式会社 桂樹社グループ
	広山大介

ジブン未来図鑑　職場体験完全ガイド＋　③　おしゃれが好き！

ファッションデザイナー・ヘアメイクアップアーティスト・スタイリスト・ジュエリーデザイナー

発行　2022年4月　第1刷

発行者　千葉 均
編集　柾屋 洋子
発行所　株式会社 ポプラ社
　　　　〒102-8519
　　　　東京都千代田区麹町4-2-6
ホームページ　www.poplar.co.jp（ポプラ社）
　　　　　　　kodomottolab.poplar.co.jp（こどもっとラボ）
印刷・製本　図書印刷株式会社

©POPLAR Publishing Co.,Ltd. 2022
ISBN978-4-591-17264-3
N.D.C.366／47P／27cm
Printed in Japan

あそびをもっと、
まなびをもっと。

?!
こどもっとラボ

ポプラ社はチャイルドラインを応援しています

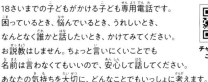

18さいまでの子どもがかけるでんわ
チャイルドライン®
0120-99-7777
毎日午後4時〜午後9時　※12/29〜1/3はお休み

電話代はかかりません
携帯（スマホ）OK

18さいまでの子どもがかける子ども専用電話です。
困っているとき、悩んでいるとき、うれしいとき、
なんとなく誰かと話したいとき、かけてみてください。
お説教はしません。ちょっと言いにくいことでも
名前は言わなくてもいいので、安心して話してください。
あなたの気持ちを大切に、どんなことでもいっしょに考えます。

チャット相談は
こちらから

自分の未来を「好き」から選ぶ、キャリア教育の新定番！

ジブン未来図鑑　職場体験完全ガイド＋　N.D.C.366（キャリア教育）　全5巻

第 1 期

❶ 食べるのが好き！　パティシエ・シェフ・すし職人・料理研究家

❷ 動物が好き！　獣医・トリマー・動物飼育員・ペットショップスタッフ

❸ おしゃれが好き！　ファッションデザイナー・ヘアメイクアップアーティスト・スタイリスト・ジュエリーデザイナー

❹ 演じるのが好き！　俳優・タレント・アーティスト・ユーチューバー

❺ デジタルが好き！　ゲームクリエイター・プロダクトマネージャー・ロボット開発者・データサイエンティスト

仕事の現場に完全密着！ 取材にもとづいた臨場感と説得力!!

職場体験完全ガイド　N.D.C.366（キャリア教育）　全75巻

第 1 期

❶ 医師・看護師・救急救命士　❷ 警察官・消防官・弁護士　❸ 大学教授・小学校の先生・幼稚園の先生　❹ 獣医師・動物園の飼育係・花屋さん　❺ パン屋さん・パティシエ・レストランのシェフ　❻ 野球選手・サッカー選手・プロフィギュアスケーター　❼ 電車の運転士・パイロット・宇宙飛行士　❽ 大工・人形職人・カーデザイナー　❾ 小説家・漫画家・ピアニスト　❿ 美容師・モデル・ファッションデザイナー

第 2 期

⓫ 国会議員・裁判官・外交官・海上保安官　⓬ 陶芸家・染めもの職人・切子職人　⓭ 携帯電話企画者・ゲームクリエイター・ウェブプランナー・システムエンジニア（SE）　⓮ 保育士・介護福祉士・理学療法士・社会福祉士　⓯ 樹木医・自然保護官・風力発電エンジニア　⓰ 花卉農家・漁師・牧場作業員・八百屋さん　⓱ 新聞記者・テレビディレクター・CM プランナー　⓲ 銀行員・証券会社員・保険会社社員　⓳ キャビンアテンダント・ホテルスタッフ・デパート販売員　⓴ お笑い芸人・俳優・歌手

第 3 期

㉑ 和紙職人・織物職人・蒔絵職人・宮大工　㉒ 訪問介護員・言語聴覚士・作業療法士・助産師　㉓ 和菓子職人・すし職人・豆腐職人・杜氏　㉔ ゴルファー・バレーボール選手・テニス選手・卓球選手　㉕ テレビアナウンサー・脚本家・報道カメラマン・雑誌編集者

第 4 期

㉖ 歯科医師・薬剤師・鍼灸師・臨床検査技師　㉗ 柔道家・マラソン選手・水泳選手・バスケットボール選手　㉘ 水族館の飼育員・盲導犬訓練士・トリマー・庭師　㉙ レーシングドライバー・路線バスの運転士・バスガイド・航海士　㉚ スタイリスト・ヘアメイクアップアーティスト・ネイリスト・エステティシャン

第 5 期

㉛ ラーメン屋さん・給食調理員・日本料理人・食品開発者　㉜ 検察官・レスキュー隊員・水道局職員・警備員　㉝ 稲作農家・農業技術者・魚屋さん・たまご農家　㉞ 力士・バドミントン選手・ラグビー選手・プロボクサー　㉟ アニメ監督・アニメーター・美術・声優

第 6 期

㊱ 花火職人・筆職人・鋳物職人・桐たんす職人　㊲ 書店員・図書館司書・翻訳家・装丁家　㊳ ツアーコンダクター・鉄道客室乗務員・グランドスタッフ・外国政府観光局職員　㊴ バイクレーサー・重機オペレーター・タクシードライバー・航空管制官　㊵ 画家・映画監督・歌舞伎俳優・バレエダンサー

第 7 期

㊶ 保健師・歯科衛生士・管理栄養士・医薬品開発者　㊷ 精神科医・心療内科医・精神保健福祉士・スクールカウンセラー　㊸ 気象予報士・林業作業士・海洋生物学者・エコツアーガイド　㊹ 板金職人・旋盤職人・金型職人・研磨職人　㊺ 能楽師・落語家・写真家・建築家

第 8 期

㊻ ケアマネジャー・児童指導員・手話通訳士・義肢装具士　㊼ 舞台演出家・ラジオパーソナリティ・マジシャン・ダンサー　㊽ 書籍編集者・絵本作家・ライター・イラストレーター　㊾ 自動車開発エンジニア・自動車工場従業員・自動車整備士・自動車販売員　㊿ 彫刻家・書道家・指揮者・オペラ歌手

第 9 期

51 児童英語教師・通訳案内士・同時通訳者・映像翻訳家　52 郵便配達員・宅配便ドライバー・トラック運転手・港湾荷役スタッフ　53 スーパーマーケット店員・CD ショップ店員・ネットショップ経営者・自転車屋さん　54 将棋棋士・総合格闘技選手・競馬騎手・競輪選手　55 プログラマー・セキュリティエンジニア・アプリ開発者・CG デザイナー

第 10 期

56 NASA 研究者・海外企業日本人スタッフ・日本企業海外スタッフ・日本料理店シェフ　57 中学校の先生・学習塾講師・ピアノの先生・料理教室講師　58 駅員・理容師・クリーニング屋さん・清掃作業スタッフ　59 空手選手・スポーツクライミング選手・プロスケートボーダー・プロサーファー　60 古着屋さん・プロゲーマー・アクセサリー作家・大道芸人

第 11 期　（会社員編）

61 コクヨ・ヤマハ・コロナ・京セラ　62 富士通・NTTデータ・ヤフー・ND ソフトウェア　63 タカラトミー・キングレコード・スバリゾートハワイアンズ・ナゴヤドーム　64 セイコーマート・イオン・ジャパネットたかた・アマゾン　65 H.I.S.・JR 九州・伊予鉄道・日本出版販売

第 12 期　（会社員編）

66 カルビー・ハウス食品・サントリー・雪印メグミルク　67 ユニクロ・GAP・カシオ・資生堂　68 TOTO・ニトリホールディングス・ノーリツ・ENEOS　69 TBS テレビ・講談社・中日新聞社・エフエム徳島　70 七十七銀行・楽天 Edy・日本生命・野村ホールディングス

第 13 期　（会社員編）

71 ユニ・チャーム・オムロン・ヘルスケア・花王・ユーグレナ　72 三井不動産・大林組・ダイワハウス・乃村工藝社　73 au・Twitter・MetaMoJi・シャープ　74 ABEMA・東宝・アマナ・ライゾマティクス　75 東京書籍・リクルート・ライフイズテック・スイッチエデュケーション

ワークシート 「自分のキャリアをイメージしてみよう」

STEP1

❶

「自分の生まれた年」と「現在の年齢」、「今好きなこと」や「小さいころ好きだったこと」を書いてみましょう。

❷

この本で紹介している4人の「今までとこれから」を参考に、「これから学びたいこと」「してみたいこと（アルバイトなど）」「どんな仕事につきたいか」「どこにだれと住んでいたいか」を、年齢も入れながら書いてみましょう。

❸

60歳の自分が「どんなくらしをしているか」、想像して書いてみましょう。

❹

気づいたことを、メモしておきましょう。

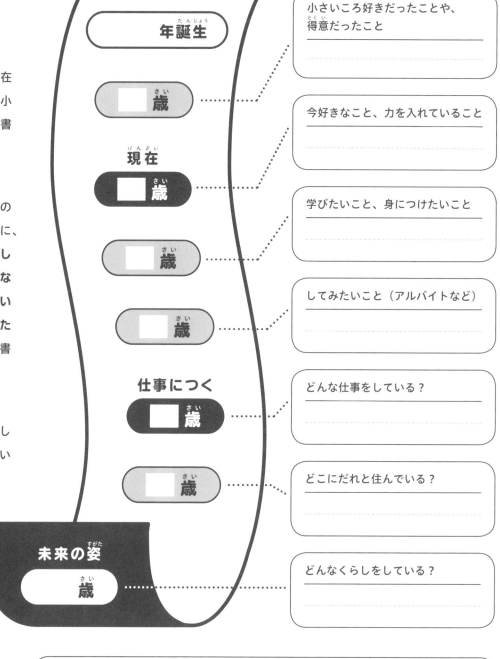

年誕生

□ 歳

現在

□ 歳

□ 歳

□ 歳

仕事につく

□ 歳

□ 歳

未来の姿

□ 歳

小さいころ好きだったことや、得意だったこと

今好きなこと、力を入れていること

学びたいこと、身につけたいこと

してみたいこと（アルバイトなど）

どんな仕事をしている？

どこにだれと住んでいる？

どんなくらしをしている？

なりたい自分に近づくために必要なこと

気づいたこと

STEP2

なりたい自分に近づくために必要なことは何か、課題は何か、考えてみましょう。